Inhalt

Eine kurze Würdigung	3
Gang durch die Geschichte	4
Notizen zur Baugeschichte	12
Die Befestigung des Petersberges bis 1664	12
Bau der Zitadelle ab 1664	12
Die Modernisierung von 1707 bis 1736	15
Stagnation und Verfall der Zitadelle bis 1813	16
Ausbau und Modernisierung unter Preußen 1814 bis 1868	17
Rundgang	18
Übersichtsplan	32/33
Die Kirche St. Peter und Paul	34
Wasserversorgung	42
Zitadelle Cyriaksburg	44
Weiterführende Literatur	46

Eine kurze Würdigung

Die Zitadelle Petersberg gehört zu den größten und in ihrem Kernwerk besterhaltenen barocken Festungsanlagen Mitteleuropas. Mit der romanischen Basilika St. Peter und Paul ist sie seit 2017 als »Denkmal von Nationaler Bedeutung« ausgewiesen. Die in der zweiten Hälfte des 17. Jahrhunderts von italienischen Festungsbaumeistern gebaute und im 19. Jahrhundert in Neupreußischer Manier modernisierte Zitadelle wurde seit 1990 vorbildlich saniert und restauriert. Die Festung Petersberg ist heute ein Spiegelbild der europäischen Festungsbaukunst. Die Festungsanlagen umschlossen das ehemalige Kloster und die 1103 errichtete Peterskirche. Das ehemalige Benediktinerkloster St. Peter und Paul gehörte ab dem 12. Jahrhundert zu den innovativsten und produktivsten Klöstern Thüringens. Für die Wasserversorgung des Klosters richteten die Mönche bereits im 12. Jahrhundert eine ca. 2,6 Kilometer lange Bleiwasserleitung zum Kloster ein und waren maßgeblich am Bau der Erfurter Krämerbrücke beteiligt. Bald nach der Erfindung der beweglichen Letter wurde die erste Buchdruckerpresse Thüringens im Peterskloster aufgestellt und 1479 das erste Buch auf ihr gedruckt. Seit Mitte des 17. Jahrhunderts lebten seine Mönche parallel mit Kurmainzer Soldaten der neu errichteten Zitadelle auf dem Berg.

Gang durch die Geschichte

Nachdem Bonifatius als Missionserzbischof im Jahr 742 beim Papst Zacharias (741–752) die Errichtung eines Bistums in Erfurt erbeten hatte, wurde es bereits 752 aufgelöst und dem Bistum Mainz eingegliedert. Die Mainzer Bischöfe übernahmen die weltliche Herrschaft über das thüringische Erfurt und das umliegende Gebiet. Erfurt entwickelte sich in der Folge zum städtischen Zentrum im Thüringer Raum. Auf dem Erfurter Petersberg wurde 1060 vom Mainzer Erzbischof Siegfried I. († 1084) das Kloster St. Peter und Paul gegründet. Die Erbauung der romanischen Klosterkirche erfolgte zwischen etwa 1127 und 1184.

Ab dem 13. Jahrhundert erlangte die Erfurter Bürgerschaft mit seinem Rat an der Spitze weitgehende Autonomie vom Mainzer Stadtherren. Aus Geldmangel verpfändeten die Mainzer Erzbischöfe das Münzrecht, das Marktmeisteramt und das Schultheißenamt. Erfurt erwarb die Vogteirechte der Grafen von Gleichen sowie achtzig umliegende Dörfer, die Stadt Sömmerda und das Reichslehen Kapellendorf. Erfurt verstand sich als freie Reichsstadt. Allerdings unterließ sie die letzten entscheidenden Schritte, in dem sie sich weigerte, zu den Reichslasten beizutragen.

Während des Bauernkrieges 1525 wurde das Kloster auf dem Petersberg kurzzeitig von aufständischen Bauern und verbündeten Bürgern besetzt. Im Dreißigjährigen Krieg wurde Erfurt mehrfach von den Schweden belagert. Sie vertrieben die Mönche des Petersklosters und plünderten es. Der Schwedenkönig, Gustav II. Adolf (1594–1632), plante Erfurt zu seiner zentralen Festung von Deutschland zu machen. Otto von Guericke (1602–1686), der spätere Magdeburger Bürgermeister, und der Erfurter Festungsbaumeister, Caspar Vogel (1600–1663), erarbeiteten die Pläne. Sie verstärkten die Stadtmauer auf der Westseite des Petersberges im Bereich der Bastion Gabriel, versahen sie mit einem Hornwerk und modernisierten die Zitadelle Cyriaksburg.

Im Westfälischen Frieden von 1648 erhoffte sich Erfurt die Reichsfreiheit. Die Stadt wurde allerdings überhaupt nicht erwähnt. Der am 18. Juli 1650 abgeschlossene Restitutionsrezess bestätigte Kurmainz alle Rechte an Erfurt, wie sie bereits vor 1618 bestanden. Rat und Bevölkerung weigerten sich aber, Kurmainz als Stadtoberhaupt anzuerkennen. Die Stadt leistete keine Steuer- oder andere Abgaben an Kurmainz. Erfurt wurde 1663 in Reichsacht genommen, und nach einer Belagerung unterwarf sich die Stadt am 5. Oktober 1664 dem Mainzer Kurfürsten.

Am 12. Oktober 1664 hielt der Mainzer Kurfürst und Erzbischof Johann Philipp von Schönborn (1605–1673) Einzug in seine Stadt, und es folgte die Unterzeichnung des Friedensvertrages. Dieser schrieb die neue Stellung Erfurts als Teil des kurmainzischen Staates fest. Ein Statthalter wurde eingesetzt und der Erfurter Stadtrat nur noch zum ausführenden Organ. Diese Regelungen bestanden bis 1802.

Johann Philipp ging gleich an die Befestigung der Stadt und des Petersberges. Dies geschah insbesondere deswegen, da Erfurt territorial von Kursachsen umschlossen war und die Stadt sich von Kursachsen, das ebenfalls Herrschaftsansprüche über Erfurt formulierte, bedroht fühlte. Auch die immer noch schwelende Gefahr von kriegerischen Auseinandersetzungen mit den Türken war ein hinreichender Beweggrund, in Erfurt eine starke Festung zu errichten.

Die Grundsteinlegung der Zitadelle Petersberg erfolgte am 1. Juni 1665. Anwesend waren der Festungskommandant Generalmajor von der Layen, der Abt des Petersklosters und viele Offiziere. Neben den Festungen Mainz und Würzburg wurde Erfurt die dritte Hauptfestung des Kurmainzischen Gebietes. In Folge der französischen Revolution von 1789 und der anschließenden Koalitionskriege gingen immer mehr linksrheinische Besitzungen der Reichsfürsten an Frankreich verloren. In den Friedensverträgen (1795 Basel, 1797 Campo Formio, 1801 Luneville) wurde festgelegt, dass die Reichsfürsten durch die Säkularisation rechtsrheinischer Klöster und Bistümer zu entschädigen seien.

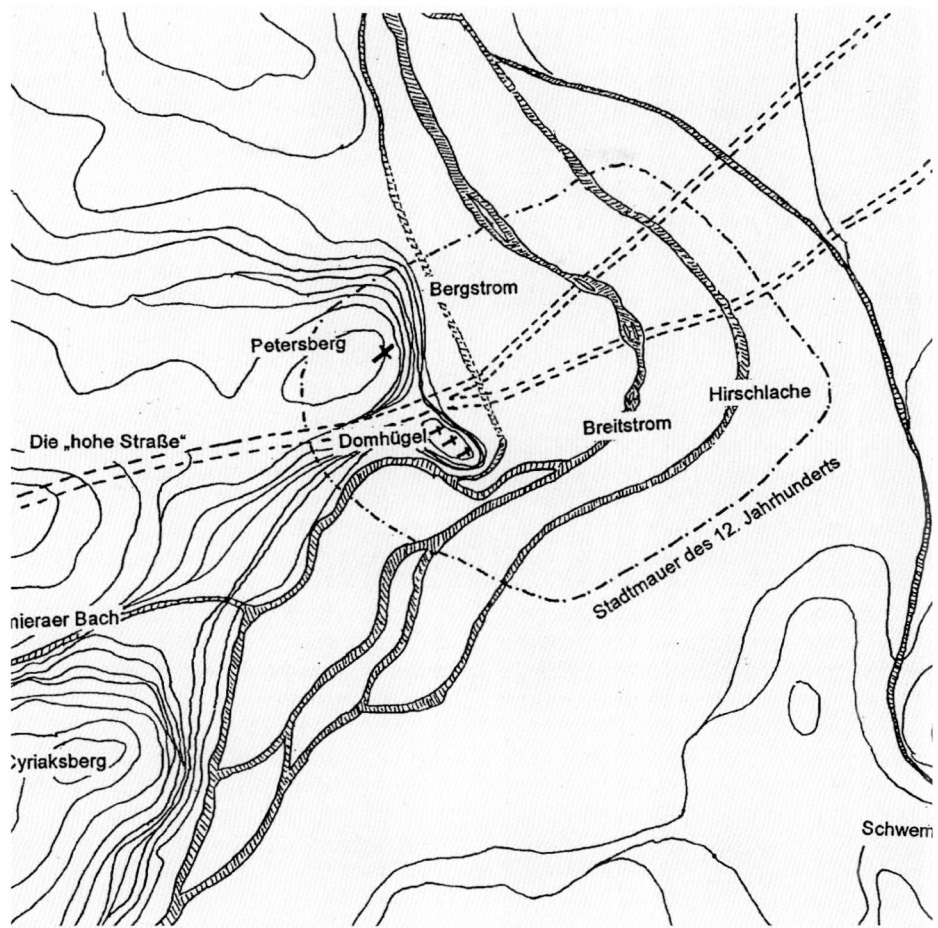

Topografischer Plan von Erfurt im 11. Jahrhundert

Am 21. August 1802 übernahm Preußen als Entschädigung für linksrheinische Gebietsverluste auch die Herrschaft über Erfurt. Das Erfurter Gebiet wurde dazu aus dem Erzbistum Mainz gelöst und das Kloster, das innerhalb der Festung weiter bestanden hatte, aufgelöst. Nach der Niederlage Preußens gegen die Napoleonischen Truppen am 14. Oktober 1806 in der Schlacht von Jena und Auerstedt kapitulierte die Festung Erfurt und wurde am 17. Oktober 1806 von französischen Truppen besetzt. Napoleon machte Erfurt zu seiner persönlichen Domäne und weilte mehrfach hier. Nach der Völkerschlacht bei Leipzig (16.–19. Oktober 1813) beließ Napoleon eine starke französische Besatzung auf der Zitadelle Petersberg und gab Anweisungen zur Verstärkung der Festungswerke.

Am 6. November 1813 beschossen die preußischen, russischen und österreichischen Alliierten

Wichtige Mitglieder der Familien v. Schönborn, Altarbild, Gaibach, Pfarrkirche Heiligste Dreifaltigkeit, um 1748 v. Franz Leopold

Dargestellt sind: hintere Reihe v. l. n. r.: Fürstbischof Johann Philipp Franz, Kurfürst-Erzbischof Lothar Franz, Kurfürst-Erzbischof Franz Georg, Kardinal und Fürstbischof Damian Hugo, Dompropst Maquard Wilhelm, Oberhofmarschall Rudolf Franz Erwein, General Anselm Franz, sowie (vordere Reihe v. l. n. r.): Fürstbischof Friedrich Karl, Kurfürst Erzbischof Johann Philipp, Obermarschall Philipp Erwein, Obermarschall Melchior Friedrich

den Erfurter Petersberg. Das Kloster und weitere Gebäude wurden zerstört, die Klosterkirche schwer getroffen. Die französischen Besatzungstruppen blieben weiter auf den Zitadellen Petersberg und Cyriaksburg, die Stadt jedoch wurde von preußischen Truppen belegt. Erfurt war damit eine geteilte Stadt. Die letzten Franzosen rückten erst im Mai 1814 aus Erfurt ab.

Der Wiener Kongress von 1815 bestätigte die Zugehörigkeit Erfurts zu Preußen. Erfurt lag nun an der Südflanke des Preußischen Königreiches. Seine geopolitische Lage aus Sicht des Militärs war damit eine Außerordentliche und besaß eine strategische Bedeutung – besonders gegen Bayern. Die Festungsstadt Erfurt mit den beiden Zitadellen wurde ab 1815 durch Preußen zur »Festung Ersten Ranges« in Neupreußischer Manier modernisiert. Diese Bedeutung behielt sie bis zur Reichseinigung von 1871.

Nach der Reichseinigung befand sich Erfurt in der Mitte Deutschlands. Seine vorherige Bedeutung zur Absicherung Preußens nach Süden war entfallen. Kaiser Wilhelm I. ordnete im Jahre 1873 die Offenlegung der Festung Erfurt an, also die Entfestigung. Die Stadt Erfurt mit dem Petersberg blieb aber weiterhin ein wichtiger Standort für das preußische Militär und der Berg für die Erfurter Bevölkerung exterritoriales Gelände.

Huldigung des Mainzer Erzbischofs Johann Philipp v. Schönborn durch den Erfurter Magistrat auf dem Domplatz, Kupferstich, 1664

Petersberg mit bastionierter Stadtmauer, S. Fritz, 1663

Nach dem Ende des Ersten Weltkrieges und der Demobilmachung zu Beginn der Weimarer Republik dienten die Kasernen des Petersberges kurzzeitig als Unterkunft für Freikorpseinheiten, danach der Sicherheitspolizei. Außerdem wurden die Kasernen von zivilen Handwerks- und Gewerbebetrieben sowie als Wohnungen für die Bevölkerung genutzt. Große Teile des Glacies, das vorgelagerte, freie Schussfeld der Festungsmauern, verpachtete die Stadt zur Gartennutzung. Mit der Bildung der Wehrmacht im Jahre 1935 wurde der Petersberg wieder vom Militär belebt und die Kasernenanlagen dienten den aufgestellten Wehrmachtseinheiten als Unterkunft. Etwa 10 Jahre später kehrte sich das Geschehen um. Nun musste der Berg für den Schutz der Erfurter Bevölkerung hergerichtet werden. 1944/45 erfolgte der bauliche Umbau der Horchgänge und deren Zugänge zu Luftschutzkellern, die während der Bombardierungen Erfurts genutzt wurden.

Mit dem Ende des Zweiten Weltkrieges wurde ein Erfassungs- und Durchgangslager für Vertriebene und Kriegsheimkehrer auf dem Petersberg eingerichtet. Nach der Gründung der DDR nutzten mehrere Polizeibereitschaften sowie Einheiten der KVP/NVA die Kasernenanlagen des Petersberges als Unterkunft, aber auch als Ausbildungsgelände. Die letzte NVA-Einheit verließ den Petersberg 1963 und wurde nach Zittau verlegt. Danach übernahm die Stadt Erfurt einen Teil des Petersberges. Ein großer Teil der Gebäude wurde öffentlich genutzt. Die Peterskirche und die Defensionskaserne wurden als Großlager, das Kommandantenhaus als Freizeiteinrichtung für Kinder und die »Untere Kaserne« als Schule eingerichtet. Der Bereich der Bastionen Franz und Johann wurde weiterhin von der Staatssicherheit und der Polizei genutzt und war für die Erfurter Bevölkerung nicht zugänglich. Diese Mischnutzung blieb bis 1990 bestehen.

Nach der politischen Wende von 1989/90 richtete die Stadt Erfurt eine Bauhütte auf dem Berg ein. Die Festungsanlagen wurden in vorbildlicher Weise, wobei möglichst der Zustand aus

Gang durch die Geschichte

Erfurt nach der Bombardierung 1814, Gemälde von Nikolaus Christian Heinrich Dornheim

Oberes Plateau, ca. 1910

Freikorpseinheiten auf dem Petersberg, 1919/20

Neupreußische Festungsmanier:

Die Neupreußische Festungsmanier trug der größeren Reichweite, Treffsicherheit und Durchschlagskraft der Artillerie Rechnung. Sie folgte keinem allgemein verbindlichen Festungssystem. Stattdessen wurde das natürliche Terrain genutzt. Es bestand der Grundsatz, dass eine eventuelle Eroberung eines Teils der Festung nicht zur Übernahme der ganzen Festung führen darf. Möglichst stumpfe Winkel und lange gerade Linien waren ausschlaggebend. Die Eroberung eines Teils der Festung durfte dem Angreifer nach Möglichkeit keinen Vorteil bieten. So wurden zu einer geschlossenen Umfassung der Festung weiträumig äußere detachierte (vorgeschobene), selbständige Werke errichtet, die den Gegner auf Distanz halten sollten. Die Bauhöhen der Gebäude wurden verringert, bombensicher (Holzbalken mit Erdbedeckung) bedeckt oder massiv eingewölbt. Die Wehrfähigkeit wurde so auf die Feldseiten verlegt. Die Verteidigungsfähigkeit der Festung hatte zum Zentrum hinzuzunehmen.

der Barockzeit als Grundlage diente, saniert und rekonstruiert. Heute ist das gesamte Gelände der Zitadelle begehbar. Ein Teil der Gebäude wird durch öffentliche Einrichtungen genutzt und ist im Rahmen von Führungen erlebbar. Andere werden privat genutzt. 2021 diente der Festungsbereich als ein wichtiger Teil der Bundesgartenschau Erfurt. Nach der Überarbeitung der Ausstellung und dem Anbau eines Aufzuges an der Festungsmauer der Bastion Leonhard ist die Zitadelle Petersberg nun für die Bevölkerung, ihre Besucher und besonders für die in Ihrer Bewegungsfreiheit eingeschränkten Gäste wesentlich besser erreichbar.

Gang durch die Geschichte

Durchgangslager für Kriegsheimkehrer auf dem Petersberg, 1946

NVA auf dem Petersberg, 1958

Oberes Plateau, 1960er Jahre

Eingangsportal mit Kommandantenhaus

Notizen zur Baugeschichte

Bastionen: Ist eine mit Geschützen bestückte, vorspringende Anlage im Hauptwall einer Festung, die die früheren Mauertürme ersetzte. Eine Spitzbastion, auch Fünfeckbastion, ist mit ausspitzendem Winkel versehen. Sie kann mit zwei Facen und zwei Flanken sowie mit offener oder geschlossener Kehle für Schräg- oder Flankierfeuer zur gegenseitigen Bestreichung des Schußfeldes angelegt sein.
Die Namen der Bastionen des Petersberges wurden nach den jeweiligen Bauherren zum Zeitpunkt der Errichtung der jeweiligen Bastion oder nach Heiligen, die in Verbindung zu Erfurt stehen, benannt.

Ravelin: Auch als Halbmond bezeichnet, ist ein am äußeren Rand des Hauptgrabens gegenüber einer Kurtine gelegenes Werk. Meist halbkreis- oder hufeisenförmig, wurde sie im 19. Jahrhundert auch vor der Grabenwehr polygonaler Fronten angelegt.

Lünette: Eine Lünette ist ein selbständiges Festungswerk, das im Grundriss einer Bastion ähnelt, aber nicht mit ihr in Verbindung steht. Die Rückseite einer Lünette, die Kehle, konnte offen sein oder durch eine Mauer, eine Palisade oder einen niedrigen Erdwall gegen einen direkten Sturmangriff gesichert werden. Vorgeschobene Lünetten waren häufig durch einen geschützten Gang mit der Festung verbunden. Lünetten wurden häufig vor den Ravelins als weiter vorgeschobene Außenwerke vor die Hauptwälle von Festungen gelegt.

Von der ehemaligen Stadtmauer, die Erfurt seit dem 12. Jahrhundert umschloss und im 14. Jahrhundert erweitert wurde, sind im Bereich des Petersberges Reste des Lauentorms, der Hohe Glockenturm sowie die Spitze der Bastion Gabriel erhalten. Die Reste des Lauentorms wurden bei dem Bau der Lauentorstraße in den Jahren 1920/21 freigelegt.

Die nördliche Spitze der Bastion Gabriel, die die Jahreszahl 1643 trägt, entstand in der zweiten Phase der schwedischen Besatzungszeit (1637–50). Die Bastionsmauer wurde vor einer älteren Stadtmauer mit dem verzierten Wappenstein des Erfurter Rades errichtet. Diese ältere Mauer wurde wahrscheinlich zur Zeit der ersten schwedischen Besatzung (1631–35) in Erfurt unter Leitung des Baumeisters Caspar Vogel gebaut.

Mit der Grundsteinlegung der »Citadelle Johann Philipsburg« am 1. Juni 1665 begann der erste Bauabschnitt der »Citadelle Petersberg«, der bis zum Jahre 1707 reicht. Die Zitadelle Petersberg wurde als unregelmäßiges Polygon mit acht Bastionen, Ravelinen und Lünetten in neuitalienischer Befestigungsmanier errichtet. Dieser erste Bauabschnitt wird dem in Franken tätigen italienischen Baumeister Antonio Petrini (1631–1701) zugeschrieben.

Da die Feldseiten des Petersberges durch die vorhandene Stadtmauer bereits abgesichert waren, begann zunächst die Befestigung der Stadtseite. Mit dem Bau des Peterstores und seinem repräsentativen Portal sowie der Festungsmauern zur Stadtseite schuf der Mainzer Kurfürst ein eindrucksvolles Zeichen an die Erfurter Bürger.

In den folgenden Jahren erwartete man keine Angriffe von der Stadtseite. So wurde nach 1671 das Kommandantenhaus auf das Torgebäude gebaut. Neben dem Kommandantenhaus mit dem Peterstor wurden in der ersten Bauphase die Bastionen Kilian und Martin und östlich des Peterstores die Bastion Leonhard errichtet. In den Fuß der Bastionsmauern wurden Horchgänge angelegt. Sie dienten einem frühzeitigen Entdecken und Bekämpfen feindlicher Angreifer beim Untergraben der Bastionsmauern. Ab 1675 wurden die restlichen Bastionen, die Raveline Anselm und Lothar und die Kasernen gebaut. Deren Bau zog sich bis in die Mitte der 1690er Jahre hin. Da die Leonhardskapelle auf der Bastion Leonhard nicht mehr als Gotteshaus diente, wurde sie im Jahre 1677

Nordspitze der Bastion Gabriel, Mainzer Wappen sowie Bauinschrift von 1643

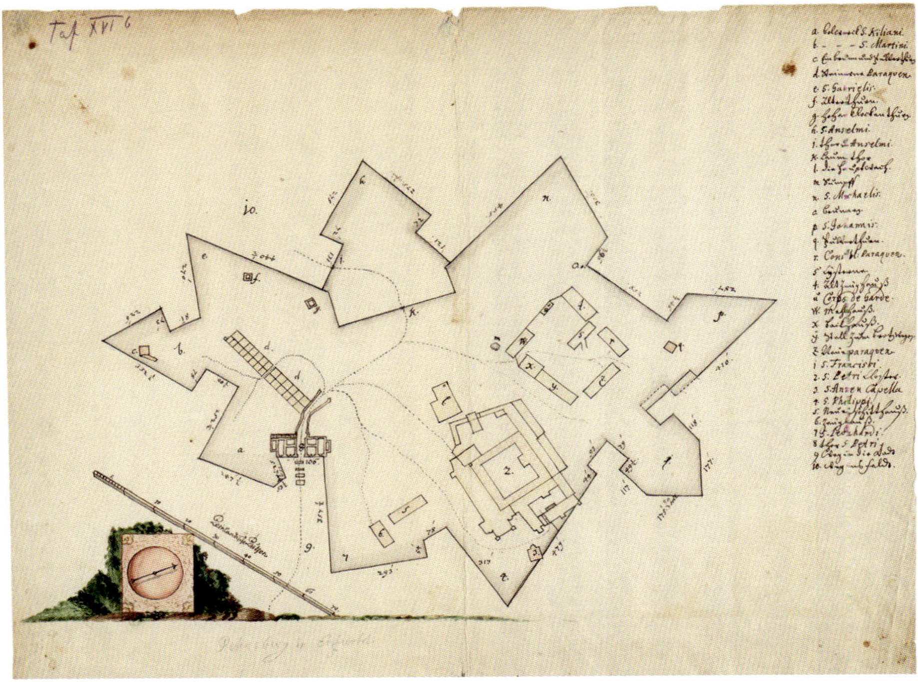

Plan Petersberg um 1680

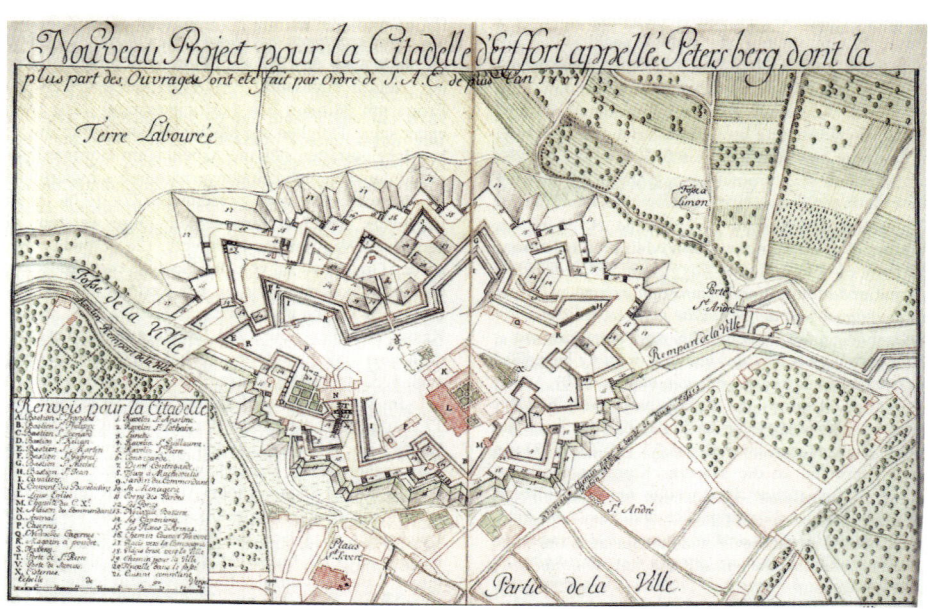

Stadtseite der Festung im Bau um 1700. Das Tor zwischen den Bastionen Philipp und Leonhard ist noch nicht geschlossen. Zeichnung von Siegmund Friese, ca. 1695

Plan der Zitadelle Petersberg, Maximilian von Welsch, 1707

Der Petersberg vom Domplatz aus gesehen, Aquarellierte Federzeichnung von Oberleutnant A. W. Neithard, 1778

profaniert und als Zeughaus umgenutzt. Bei einem Bombenangriff wurde sie im Jahre 1945 zerstört. 1678 wurde die Kurtine zwischen den Bastionen Johann und Michael geschlossen.

Die noch vorhandene Öffnung der Festungsmauer zwischen den Bastionen Franz und Philipp, die als Zugang für Baumaterialien von der Stadtseite diente, konnte 1704 vermauert werden. Damit war 40 Jahre nach Baubeginn die Festung vollständig geschlossen und die erste Bauphase beendet.

Einer der bedeutendsten Kurmainzer Bauherren, Lothar Franz von Schönborn (1655–1729), berief 1704 Maximilian Welsch (1671–1745) als Baumeister nach Erfurt. Welsch orientierte sich an dem französischen Festungsbaumeister Sebastian de Vauban (1633–1707). Er entwickelte die neuitalienische Befestigungsmanier weiter und stärkte die Vorfestungen. Welsch weilte 1707 erstmals in Erfurt und plante gleich eine Verstärkung und den Ausbau der Zitadelle Petersberg. Damit begann auch der zweite Bauabschnitt der Zitadelle. Den Ravelins wurden zur besseren Deckung weitere Vorwerke, die Lünetten, eingeschoben. Es wurden

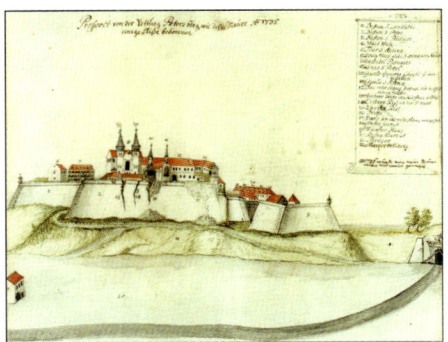

Die Futtermauer bei der Bastion Philipp mit Mauerrissen, Aquarellierte Federzeichnung von Siegmund Friese, 1735

Kurtinen, Grabenscheren und gedeckte Wege zu den Außenwerken angelegt. In den Spitzen der Bastionen setzte Welsch sieben Wacherker. Sie sollten den Soldaten eine bessere Einsicht und Bekämpfung der Bastionsflanken ermöglichen.

Ab 1708 wurde der Bau des Ravelins Peter vor dem Haupttor, des Ravelins Wilhelm vor der Bas-

Notizen zur Baugeschichte

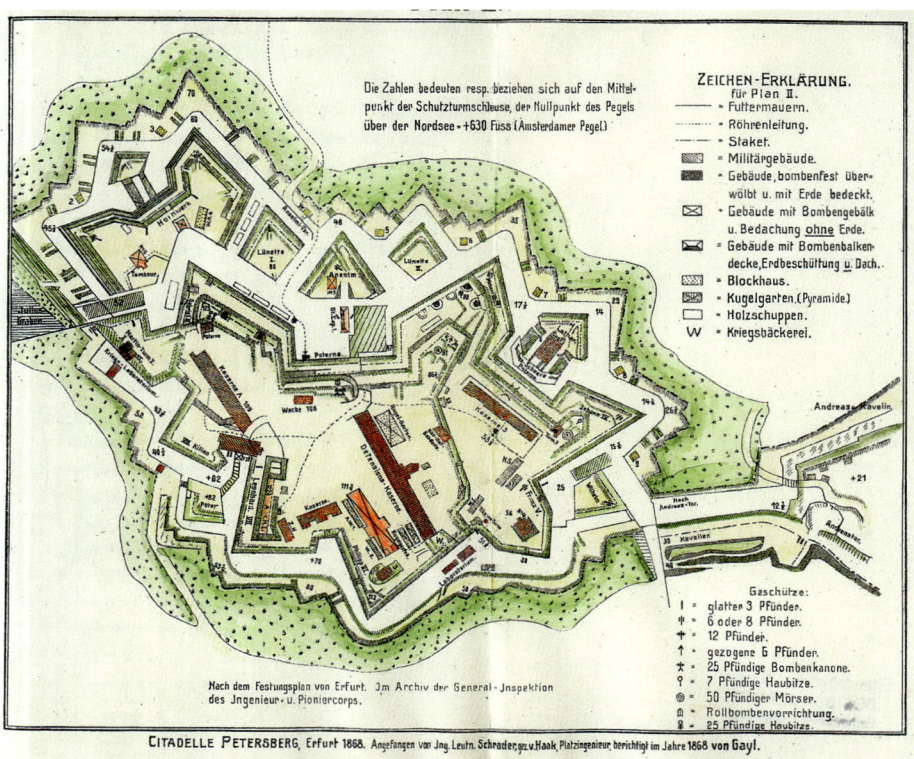

Plan der Zitadelle Petersberg von Ingenieur Haak, 1830, überarbeitet von Ingenieur Gayl, 1868

tion Johann sowie der Lünetten I und II vor dem Ravelin Anselm begonnen. Deren Fertigstellung zog sich bis 1713 hin. Das ab 1725 gebaute Hornwerk vor der Spitze der Bastion Gabriel ersetzte das bereits aus dem Jahre 1631 von den Schweden errichtete Hornwerk. Es beseitigte eine Schwachstelle im Westen der Festung. Welsch, der 1715 für seine hervorragenden Festungsarbeiten geadelt und zum Obristen befördert wurde, hielt sich 1726 letztmalig in Erfurt auf.

Bei Schanzarbeiten stürzte im Jahre 1735 ein Teil der Futtermauer der Bastion Philipp und mit ihr die Copus Christi Kapelle des Petersklosters in den Festungsgraben. Nur der Turm der Kapelle blieb stehen. Die Mauer wurde danach, etwas nach Osten versetzt, wieder aufgemauert. Noch heute ist dies durch einen Knick im Mauerverlauf sichtbar. Danach war die zweite Bauperiode beendet.

Im Siebenjährigen Krieg (1756–1763) zeigte sich, dass die Zitadelle Petersberg nicht mehr den Ansprüchen entsprach. Von den umliegenden Anhöhen konnte das Innere der Zitadelle eingesehen werden. Kurmainz zeigte allerdings wenig Interesse an einer Aufwertung der Zitadelle und so verfielen die Festungswerke zusehends. Sogar eine Freigabe der Bastionsmauern als Steinbruch wurde in Betracht gezogen. Der Verfall setzte sich auch unter Preußen ab 1802 und unter napoleonischer Herrschaft fort. Erst in Erwartung von Rückzugsgefechten während der Befreiungskriege, ordnete Napoleon 1813 Ausbesserungsarbeiten, so das Anlegen von Palisaden und die Erhöhung der Kavaliere, an.

Mit der Zugehörigkeit Erfurts zu Preußen ab 1815 und der Einstufung als »Festung ersten Ranges« begann für die Zitadelle Petersberg die dritte Bauperiode. Diese hielt bis 1866 an. Die Festung Erfurt mit der Zitadelle Petersberg wurde nun in »Neupreußischer Festungsmanier« modernisiert. Gleich 1814 wurden die Trümmer der Beschießung des vorausgegangenen Jahres beseitigt. In den Jahren 1815–1821 wurden die Reste des ehemaligen Klosters und die Türme der Peterskirche abgebrochen und die Kirche zu einem Proviantmagazin umgebaut. Die ehemaligen Stadttürme im Bereich des Petersberges wurden um zwei Etagen verringert und erhielten eine bombenfeste Eindeckung, anschließend nutzte man sie als Pulvermagazine.

Bis 1831 entstanden eine neue Hauptwache, die Geschützkaponieren bei den Ravelinen Anselm und Lothar, Kanonenhöfe, Kasematten, Artilleriedepots, die Fahrpoterne des Ravelin Anselm und die große Defensionskaserne mit der Festungsbäckerei.

Nach der Offenlegung der Festung Erfurt im Jahre 1873 wurden nicht mehr benötigte Verteidigungsanlagen, wie Kavaliere oder Geschützstände, Teile des Hornwerkes und der Bastion Gabriel sowie die Lünette I abgebrochen. Durch den Bau der Straße von Westen verbesserte sich die Zuwegung zur Zitadelle wesentlich.

Um der starken Erfurter Garnison entsprechende Unterkünfte bereitzustellen, wurde in den Jahren 1910/11 die bombenfeste Bedachung der Defensionskaserne, die durch die weiterentwickelte Artillerie hinfällig geworden war, abgenommen und durch ein ausgebautes Mansarddach ersetzt. Sie bot danach Unterkunft für bis zu 750 Soldaten.

Um den immer stärker werdenden Verkehr Erfurts vom Zentrum in westlicher Richtung besser ableiten zu können, wurde 1920/21 die Lauentorstraße durch die Bastion Martin geführt. Die Bastion Martin war seither von der Hauptfestung abgeschnitten. Heute gelangen Besucher über eine Fußgängerbrücke wieder direkt von der Hauptfestung zur Bastion Martin.

Bau der Lauentorstaße durch die Bastion Martin, 1920/21

Rundgang

Scharwachthäuschen (Wacherker) an der Bastion Kilian

Wappenstein an der Bastion Kilian mit dem Wappen von Fürstbischof Johann Philipp von Schönborn

Der Petersberg ist mit seinen 231 Metern die höchste Erhebung im Erfurter Stadtgebiet und damit 34 Meter höher als der benachbarte Domberg. Die Kernfestung hat eine Fläche von etwa 15 ha und die Festungsmauern eine Höhe von bis zu 27 Metern.

Den Aufstieg vom Domplatz auf die Zitadelle erreicht man fußläufig über die Petrinistraße und das Ravelin Peter. Dieses vorgelagerte Ravelin diente mit den Bastionen Kilian und Leonhard dem Schutz des Hauptzuganges der Zitadelle. Am Haupteingang der Zitadelle, dem Peterstor, sind die Wallmauern nach außen geknickt. Dadurch konnte eine bessere Flankierung durch die Geschützstände, die sich in den Kasematten beidseitig des Tores befanden, ermöglicht werden.

Beim Gang auf dem Ravelin Peter sind in der Spitze der Bastion Leonhard und am Knick der Bastion Kilian neben dem Torzugang zwei der insgesamt sieben **Wacherker** erkennbar. Sie ermöglichen es den Wachsoldaten, die Bastionsflanken einzusehen und Feinde zu bekämpfen. Die Erker wurden in der zweiten Bauphase errichtet, nach der Entfestigung Erfurts entfernt und in den 1990er Jahren rekonstruiert. In den Facen der Bastionen Kilian und Leonhard sind mittig **Wappenschilder** sichtbar. Diese in Stein gehauenen Wappenschilder entsprechen den Mainzer Kurfürsten zum Zeitpunkt des Baues der jeweiligen Bastion.

Der Zugang zum **Torhaus** erfolgt über eine im Jahr 1864 gebaute achtbogige Brücke. Diese ersetzte eine Rampe aus Holz, an der sich eine Zugbrücke zum Haupteingang der Zitadelle, dem Peterstor, anschloss. Die Anschläge der Zugbrücke und deren Kettenlöcher sind heute noch erkennbar.

Das Peterstor mit seiner beeindruckenden monumentalen Barockfassade mit Rustika, Nischen, Gesimsen und durchbrochenem Dreieckgiebel bietet einen malerischen Anblick. Über dem Tor erhebt sich das von zwei Löwen mit doppeltem Schweif gehaltene große **Wappen**

Geschützkasematte im Kommandantenhaus

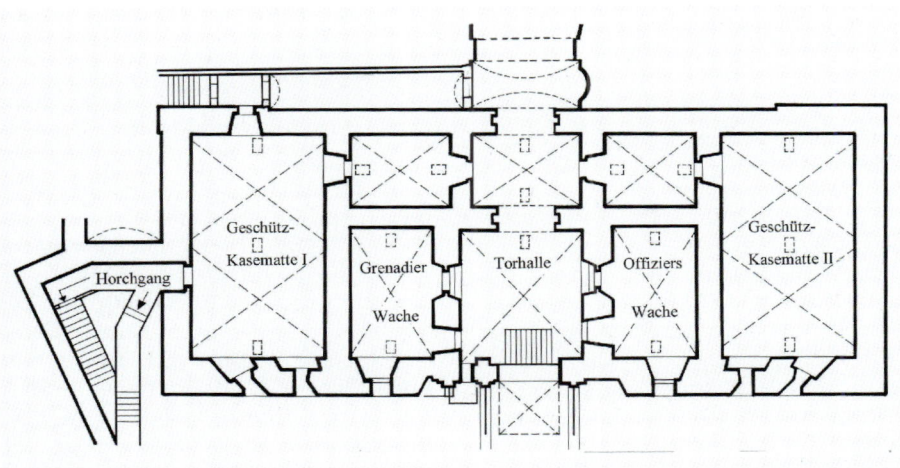

Grundriss des Torhauses

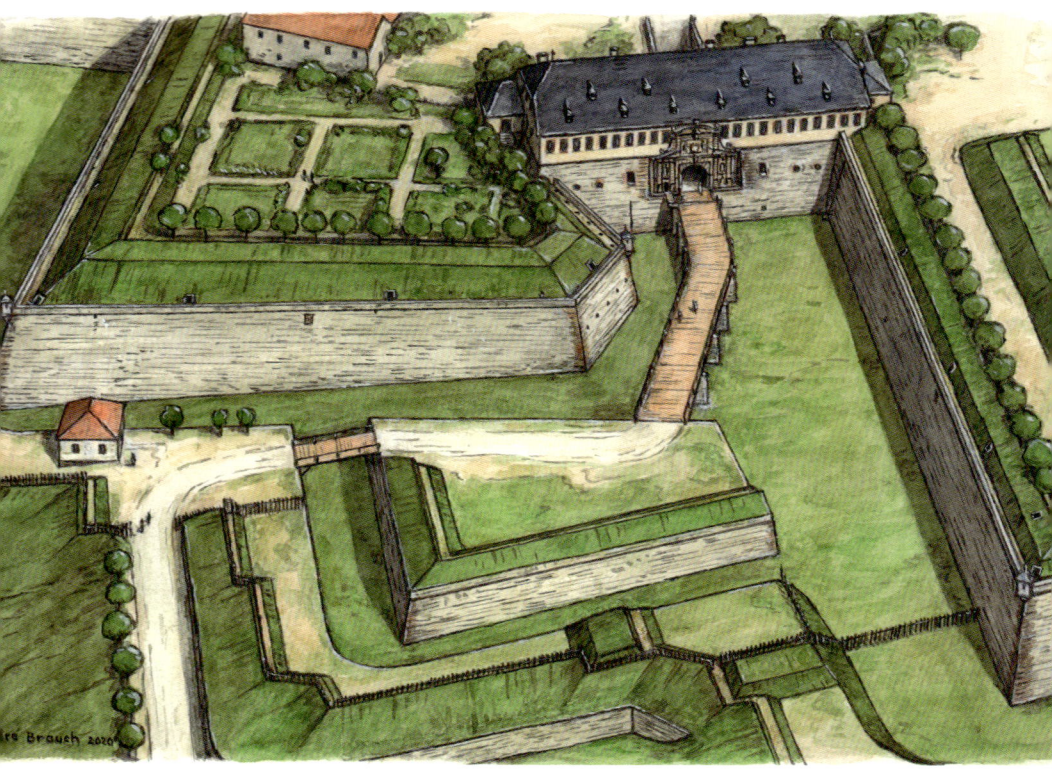

Zugang zum Peterstor mit dem vorgelagerten Ravelin Peter und den Bastionen Kilian und Johann, Rekonstruktion des Zustandes um 1780

des Mainzer Kurfürsten und Erzbischofs Johann Philipp von Schönborn, dessen Bildinhalt die Doppelherrschaft des Bauherrn als Kurfürst und Erzbischof symbolisiert.

Das **Torhaus** mit seinem Schmuckportal stand zur Bauzeit frei. Dies ist erkennbar an den bekrönenden Steinkugeln auf dem Portal, die jetzt zur Hälfte in die Wand des Kommandantenhauses hineinragen. Das Torhaus war sicher mit einer bombenfesten Erddeckung geschützt, aus der die Köpfe der Rauchabzüge von den Geschützkasematten herausragten. Untersuchungen am hölzernen Baumaterial (sog. dendrochronologische Untersuchungen zur Baudatierung) ergaben, dass dieser Gebäudeteil in den Jahren 1670/71 errichtet wurde. In der Durchfahrt des Torhauses befinden sich die Türflügel, Fallgatter und Pechlöcher.

An der südlichen Seite des Tordurchganges schließt sich die ehemalige Grenadierwache mit einem Zugang zu den **Horchgängen** an. Weitere Zugänge befinden sich entlang der gesamten Festungsmauer. Die Horchgänge wurden bereits mit Beginn des Festungsbaues im Mauerfuß ausgespart und überwölbt. Sie dienten den Soldaten als Verbindungsgang zu den einzelnen Horchposten. Insgesamt wurden etwa 2.700 Meter der unterirdischen Gänge angelegt. Luftschächte in unregelmäßigen Abständen sorgten für die Bewetterung. Gleichzeitig konnten sie

Eingangsportal des Torhauses mit dem großen Wappen des Mainzer Kurfürsten Johann Philipp v. Schönborn

als Fluchtweg genutzt werden. In den Bastionen Franz und Kilian sowie dem Ravelin Anselm verbreitern sich die Gänge zu Galerien und Geschützkasematten. Heute sind die Horchgänge auf eine Länger von ca. 2.000 Meter im Rahmen von Führungen begehbar.

Hinter dem Tordurchgang knickt die Straße scharf nach rechts weg. Die linke geknickte Straßenmauer schützt dadurch die darüber liegende Kaserne vor Einschüssen.

Nach Durchschreiten des Torhauses ist die 1822/23 unter preußischer Herrschaft gebaute **Neue Wache** mit dem preußischen Festungsadler am Giebel sichtbar. Sie hat einen rechteckigen Grundriss und besteht aus Bruchsteinen. Ihr offener Anbau ruht auf Holzsäulen. Das Dach besaß ehemals eine bombenfeste Erdbedeckung. Die angrenzende ehemalige Arrestanstalt (1912/13) diente nach 1920 als **Polizeigefängnis** und ab 1939 als Untersuchungsgefängnis für ein Kriegsgericht. Beide Gebäude werden heute gewerblich genutzt.

Rechterhand des oberen Plateaus mit dem früheren Exerzier- und Paradeplatz erstreckt sich das ehemalige **Kommandantenhaus**. Dieses in den Jahren 1671–73 gebaute, 42 Meter lange und 16 Meter breite, rechtwinklige Gebäude erhebt sich über dem Torhaus. Es ist 4 Meter schmaler als das Torhaus und reicht rechts und links über die Kurtinenmauern hinaus. An beiden Giebelseiten

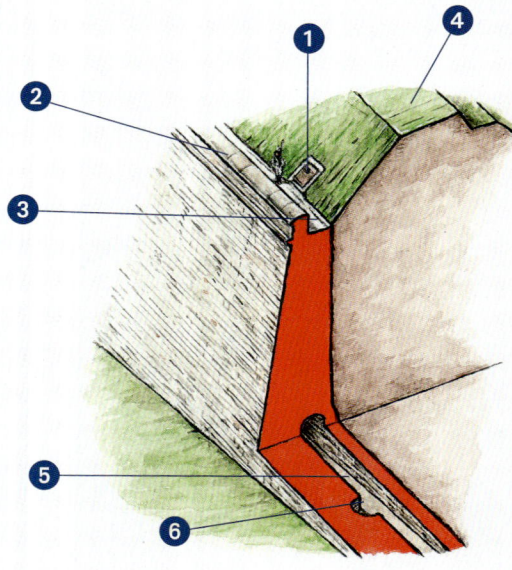

Ansicht und Schnitt der Bastionsmauer von Kilian, im Zustand um 1795

1. Luftschacht zur Bewetterung der Horchgänge
2. Brustwehr
3. Postengang
4. Wall mit Feuerstellungen
5. Horchgang
6. Angefangener Konterminengang

Neue Wache

Kommandantenhaus, Aquarellierte Federzeichnung von Maximilian von Welsch, 1707

ist ein Treppenhaus vorhanden. Der Zugang zum Kommandantenhaus erfolgte im 18. Jahrhundert über die giebelseitigen Treppenhäuser. Die Fallgatter der Torhalle befanden sich im hochgezogenen Zustand im jetzigen Eingangsbereich des Erdgeschosses. Dadurch war der heutige Zugang versperrt und konnte nicht genutzt werden.

In den letzten Jahren des Zweiten Weltkrieges war hier ein Kriegsgericht der Wehrmacht untergebracht. Es verhängte auch Todesurteile gegen Deserteure. Im Kommandantenhaus kann eine Ausstellung zur Geschichte des Petersberges besichtigt werden.

Den Weg am Kommandantenhaus folgend, ist die Spitze der Bastion Leonhard zu erreichen. Hier hat der Besucher einen herrlichen Blick auf den Domplatz und das Stadtzentrum. Die freigelegten Fundamentreste der ehemaligen Leonhardskapelle werden hier sichtbar. Sie wurde 1945 gesprengt. Am nördlichen Rand der Bastion befindet sich die **Kaserne B**. Sie gehört neben den Kasernen A und 3 auf der Bastion Johann zu den ältesten Kasernenbauten Deutschlands. Errichtet wurden sie in der ersten Bauphase der Zitadelle in den Jahren 1680 bis 1697. Mehrfach wurden sie saniert und durch Dachausbauten und den Anbau von Risaliten erweitert. Alle drei ehemaligen Kasernengebäude werden heute durch Bundes- und Landesbehörden oder privat genutzt.

Die **Defensionskaserne** an der nördlichen Seite des oberen Plateaus wurde 1828–31 teilweise auf den Grundmauern der ehemaligen Klostergebäude als Unterkunft und auch als letzte Ver-

Kaserne B

teidigungslinie der Zitadelle errichtet. Sie riegelte das Plateau gegen die Einsicht von der nördlichen Feldseite ab. Das Gebäude ist ein 167 Meter langer, rechteckiger Bau. Die nördliche Längsseite ist im Sockelbereich 2,50 Meter stark. In der ersten und zweiten Etage sind Infanterie- und Geschützscharten integriert. Im Innern zerfällt die Kaserne in verteidigungsfähige Abschnitte mit Versatzfalzen. In diese konnten Palisaden eingesetzt werden. Dadurch musste ein Feind jeden Korridor, jede Stube einzeln erobern. Die Südseite der Kaserne, dem oberen Plateau zugewandt, gliedert sich in drei Portale und Fensterfronten. Hier sind die Unterkunftsräume für insgesamt 500 Soldaten angeordnet. Die Kaserne war ehemals bombensicher mit einer Balkendecke und einer zwei Meter dicken Erdschicht eingedeckt. Diese Erdeindeckung wurde 1910/11 durch ein Mansarddach mit zwei Unterkunftsetagen ersetzt. Dadurch konnten in der Kaserne weitere 250 Soldaten untergebracht werden.

In die östliche Seitenkaponiere der Defensionskaserne wurde 1832 eine **Festungsbäckerei** gebaut. In den beiden Backöfen konnten täglich bis zu 200 Brote gebacken werden. Nach der Sanierung der Öfen von 1995 erfolgt hier wieder das Backen von Broten zu besonderen Anlässen. Die Infanterieschießscharten an der Nordseite der Kaponiere dienten deren Verteidigung und Absicherung des oberen Plateaus.

Weiter im Osten auf der Bastion Philipp erreicht man das Kriegspulvermagazin Nr. 3. Es

Ansicht und Schnitt der Defensionskaserne von Norden, im Zustand um 1840

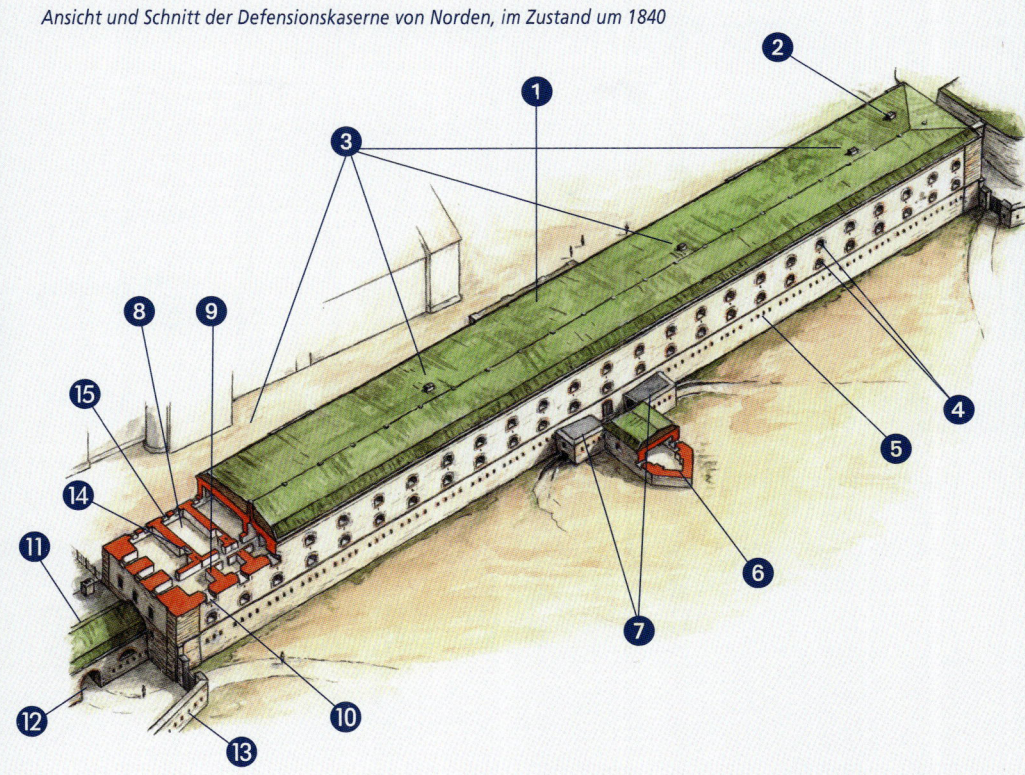

1. Bombensichere Erdabdeckung
2. Luftabzug der Küche (Schornstein)
3. 4 Schornsteine der Heizungen (der linke durch Schnitt nicht sichtbar)
4. Artilleriescharten
5. Infanteriescharten
6. Kaponiere (1832)
7. Latrinen mit Ausfahrt für Latrinenwagen
8. Mannschaftsunterkünfte
9. Korridor
10. Kanonenstandplatz
11. Kriegsbäckerei (1832)
12. Durchfahrt
13. Abschnittsmauer
14. Versatzfalzen zum Einsetzen von Zwischenwänden
15. Fenster der Unterkünfte

Festungsbäckerei

wurde 1831 gebaut und 1867 verstärkt. Im Ergebnis seiner Restaurierung in den 2000er Jahren ist es heute wieder in originalem Zustand erlebbar.

Weiter im Norden auf der Bastion Franz erreicht man das **Kriegspulvermagazin Nr.1**. Es stammt aus der Kurmainzer Zeit und wurde in den Jahren 1726–28 gebaut. Es entspricht den vom französischen Festungsbaumeister Vauban (1633–1707) entworfenen Pulvermagazinen. 1816 erfolgten unter Preußen ein Anbau am Westgiebel sowie 1854 eine Verstärkung des Gebäudes mit bombensicherer Erdüberdeckung. Eine versuchte Sprengung dieses Gebäude im Jahre 1982 ist noch heute sichtbar. Im Innern ist eine Ausstellung zu Festungsbauhandwerken eingerichtet. Sie kann im Rahmen von Führungen besichtigt werden. Gleich neben dem Pulvermagazin wurde der alte Treppenturm wieder originalgetreu aufgebaut. Dieser diente einzig den Bediensteten des Laboratoriums, das sich am Fuße der Bastion Philipp befindet, für einen direkten Zugang.

Ganz im Norden der Zitadelle, in der Kehle des Ravelin Lothar, befindet sich die **Geschützkaponiere Nr. 2**. Sie ist eine der ganz wenigen Kaponieren Deutschlands, die sich noch weitgehend in originalem Zustand befindet. Es handelt sich um ein zweigeschossiges Bauwerk mit 1,50 Meter dicker Erdbedeckung. Heute dient das Gebäude als Materiallager für die Bauhütte.

An der westlichen Seite der Zitadelle Petersberg steht das größte, heute noch vollständig erhaltene Ravelin, das **Ravelin Anselm**. Es wurde 1675–95 unter dem Mainzer Kurfürsten Anselm Franz von Ingelheim (reg. 1679–1695) auf der westlichen Feldseite der Zitadelle als Bastion er-

Kriegspulvermagazin Nr. 1, im Vordergrund Treppenturm

Handwerksausstellung im Pulvermagazin Nr.1

Pulvermagazin

In Pulvermagazinen wurden Schießpulver, Sprengstoffe oder fertige Munition sicher aufbewahrt. Diese müssen gegen Feuchtigkeit und vor einer Explosion geschützt und gelagert werden. Zu diesem Zweck wurden die Fußböden und das Mauerwerk hohl und mit Luftkanälen errichtet. Durch eine Unterlüftung wird die Trockenhaltung des Pulvers erreicht. Der Innenraum wurde mit Holz getäfelt und auf den Dächern eine Blitzableitung angebracht. Um den Anforderungen gegen die Durchschlagskraft feindlicher Geschosse zu genügen, mussten die Magazine in Stein oder Mauerwerk erstellt und die Decken verstärkt und mit Erde bedeckt werden. Die Pulverfässer wurden meist in zwei Geschossebenen auf einer Holzkonstruktion gelagert. Der Zugang erfolgt durch einen Vorraum mit einer seitlich angelegten Eingangstür. Friedenspulvermagazine dienten der Lagerung des Pulvers in Friedenszeiten. Sie wurden von den bewohnten Stätten oder Kasernen entfernt und stets außerhalb der Festung erbaut. Bei einer eventuellen Explosion des Pulvermagazins waren die Kasernen der Festung nicht unmittelbar gefährdet. Innerhalb der Festungen gab es Kriegspulvermagazine. Um lange Laufwege und Gefahren für deren Transport zu vermeiden, wurden die Vorräte der Friedenspulvermagazine bei Bedarf in die Kriegspulvermagazine verlagert.

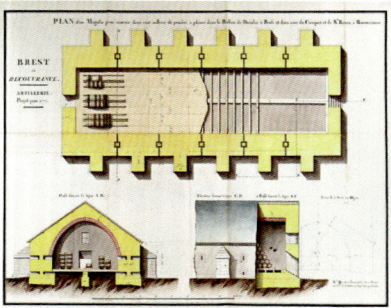

Kriegspulvermagazin Nr. 1; links: Entwurf eines Pulvermagazins für die Festung Brest

richtet und war anfangs noch mit der Hauptfestung verbunden. Nach 1707 ließ Maximilian von Welsch die damalige Bastion von der Festung trennen und dadurch zum Ravelin umwandeln. Mittig der Kehle befindet sich der Aufgang zum Ravelin. In der Futtermauer um das Ravelin ist ein Horchgang angelegt. Er verbindet zwei Kasematten und ist heute auch barrierefrei zu besichtigen. Schießscharten, die in die Kehle eingearbeitet wurden, dienten dem Schutz der Kurtine zwischen den Bastionen Michael und Gabriel. In dieser Kurtine ist ein feldseitiges Tor der Zitadelle eingebaut. Ihr schließt sich die Fahrpoterne zum Plateau an.

Auf dem Ravelin Anselm wurde 1822 das Friedenspulvermagazin errichtet. Dieses rechteckige, eingeschossige Gebäude aus Kalkbruchstein ist mit Ausnahme ihrer Ecken glatt verputzt. In den Ecken des Gebäudes wurden Sandsteinquader verbaut. Nach dem Ersten Weltkrieg bis 1995 diente es als Wohnhaus. Heute ist es denkmalgerecht saniert und wird zu Sonderveranstaltungen genutzt.

Im Graben zwischen dem Ravelin Anselm und der Kurtine erhebt sich das in den Jahren 1824/25 gebaute **Geschütz- oder Wagenhaus Nr. 1**. Bei einer eventuellen Belagerung konnte es durch seine eingebauten Scharten auch als Grabenkaponiere genutzt werden. In Wagenhäusern wurden Geschütze, Lafetten, Protzen, Kastenwagen sowie Kavalleriezubehör gelagert. Eingedeckt war das Wagenhaus mit einer bombenfesten Balkendecke

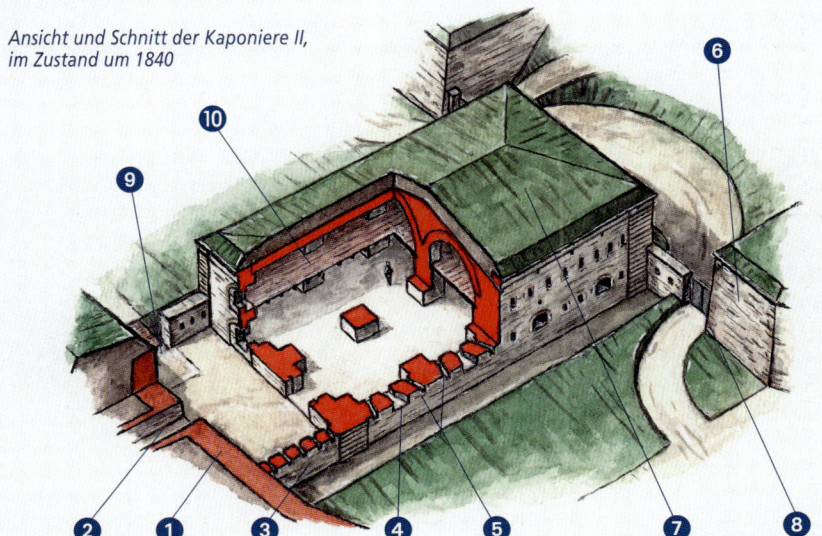

Ansicht und Schnitt der Kaponiere II, im Zustand um 1840

1. Abschnittsmauer zwischen den Bastionen Johann und Michael (1795)
2. Gedeckter Zugang vom unteren Plateau der Zitadelle zur Kaponiere Nr. II
3. Krenelierte, also mit Schießscharten versehene Mauer
4. Artilleriescharten
5. Infanteriescharten
6. Ravelin Lothar
7. Bombensichere Erdabdeckung
8. Zufahrt zur Kaponiere Nr. II im Schutz des Ravelin Lothar
9. Einfahrt zur Kaponiere Nr. II
10. Zwischenboden

Die Anselmipoterne – Rückwärtige Zufahrt vom Ravelin Anselm zur Kernfestung

Ravelin Anselm mit Friedenspulvermagazin und Geschützkaponiere

Friedenspulvermagazin

Laboratorium vor Bastion Martin

und einer Erdbedeckung als Walmdach, welches 1873 in ein Krüppelwalmdach umgebaut wurde. Mit der Sanierung 1997–1999 erhielt das Gebäude wieder seine alte Kubatur, allerdings mit einem zinkgedeckten Dach, zurück. Nach einem Umbau des Inneren wird es ab 2021 auch zu Sonderveranstaltungen und von einem Weinrestaurant genutzt werden können.

Die beiden, im Bereich des Petersberges, vorhandenen Laboratorien sind die einzigen ihrer Art in Thüringen und zwei der wenigen in ganz Deutschland. Am südlichen Rand der Zitadelle, unterhalb der Bastion Martin, wurde 1823 das Kriegspulvermagazin errichtet. Hier sind noch die originalen Holzfußböden mit Holznägeln vorhanden. Es beherbergt heute ein Weinrestaurant.

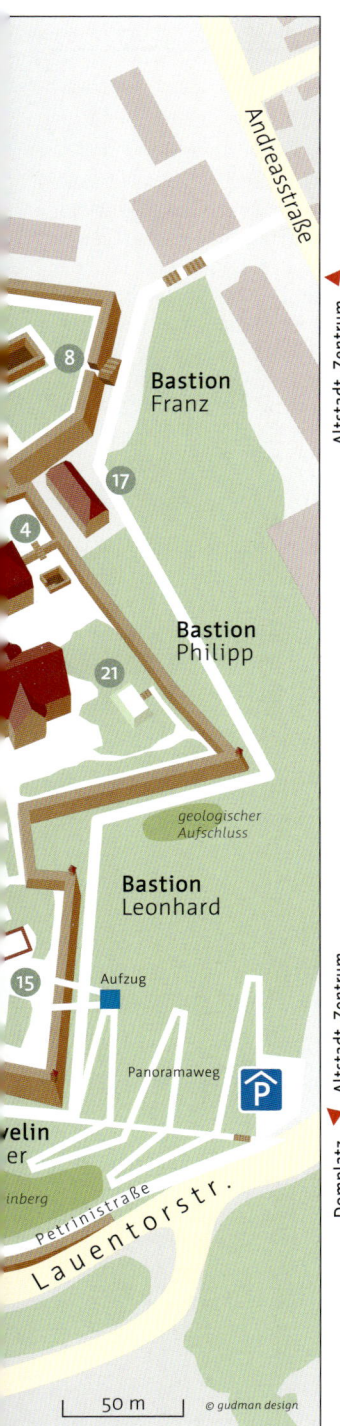

Übersichtsplan

Ehemalige Funktionsgebäude / heutige Nutzung

1. Peterstor und Kommandantenhaus
2. Kaserne A / Wohnungen
3. Kaserne 2 / Thüringer Landesamt für Denkmalpflege und Archäologie
4. Festungsbäckerei
5. Ehem. Klosterkirche St. Peter & Paul / Ausstellung
6. Defensionskaserne
7. Schirrmeisterhaus und Brunnen
8. Kriegspulvermagazin Nr. 1
9. Untere Kaserne / BStU Stasi-Unterlagen-Behörde
10. Friedenspulvermagazin
11. Geschützkaponniere Nr. 1
12. Neue Wache
13. Militärarrestanstalt
14. Treppenturm
15. Ehemalige Leonhardskapelle
16. Kriegslaboratorium und Kanonenhof / Destille/Weinmanufaktur
17. Friedenslaboratorium
18. Wachgebäude
19. Anselmitor mit Poterne
20. Geschützkaponniere Nr. 2
21. Kriegspulvermagazin Nr. 5

- **i** Petersberg-Entrée/Besucherzentrum
- **A** Ausstellung
- **H** Hotel
- 🍴 Gaststätte
- **P** PKW-Parkplatz/Parkhaus
- **Bus** Buswendeschleife
- **WC** Öffentliche Toiletten

Kirche St. Peter und Paul

Das auffälligste Gebäude innerhalb des Festungsareals ist ein großer kreuzförmiger Quaderbau mit ganz ungewöhnlichen Proportionen. Es handelt sich um die ehemalige Klosterkirche St. Peter und Paul. Nachdem das Kloster 1803 aufgelöst wurde, konnte die Kirche der Festung zugeschlagen werden und wurde 1819 zum Proviantmagazin umgebaut, wobei man die Türme und den Obergaden ab- und unter den romanischen Seitenschiffsfenstern noch eine zusätzliche Fensterreihe einbrach.

Die Klostergründung reicht wenigstens bis ins 11. Jahrhundert zurück. Ein damals schon bestehendes Kanonikerstift wandelte der Mainzer Erzbischof Siegfried I. (1059/60–1084) im Jahre 1060 in ein Benediktinerkloster um. Die Klosterkirche erhielt ab 1103 einen neuen Chor, diese Jahreszahl hat man oft irrtümlich für den Baubeginn der bestehenden Kirche gehalten. Den Bau der heutigen Klosterkirche begann man wohl erst 1127 unter dem aus Hirsau hergerufenen Abt Werner I. (1127–1139) und folgte der dortigen 1123 vollendeten Klosterkirche. Typisch für die der Hirsauer Reform folgenden Kirchen ist der gerade Chorschluss im Osten. Ungewöhnlich ist dagegen, dass die zwei Osttürme in die Ostflucht vorgerückt sind, dies ist wahrscheinlich dem Repräsentationsbedürfnis in Konkurrenz zu den beiden Stiftskirchen auf dem Domberg geschuldet. Nach einer Weihe der Ostteile 1147 unter Abt Werner II. (1142–1147) wurde der Bau wohl erst 1182 vollendet (Altarweihe im Nordwestturm). Die Klosterkirche ist neben Paulinzella der bedeutendste Sakralbau nach Hirsauer Vorbild in Thüringen.

Aus der Frühzeit des Klosters und der Stadt Erfurt sind nur wenige Urkunden erhalten geblieben. Das Kloster liegt auf einem Hügel über der Stadt, vermutlich stand hier auch eine frühmittelalterliche Königspfalz, die bisher jedoch archäologisch nicht nachgewiesen werden konnte.

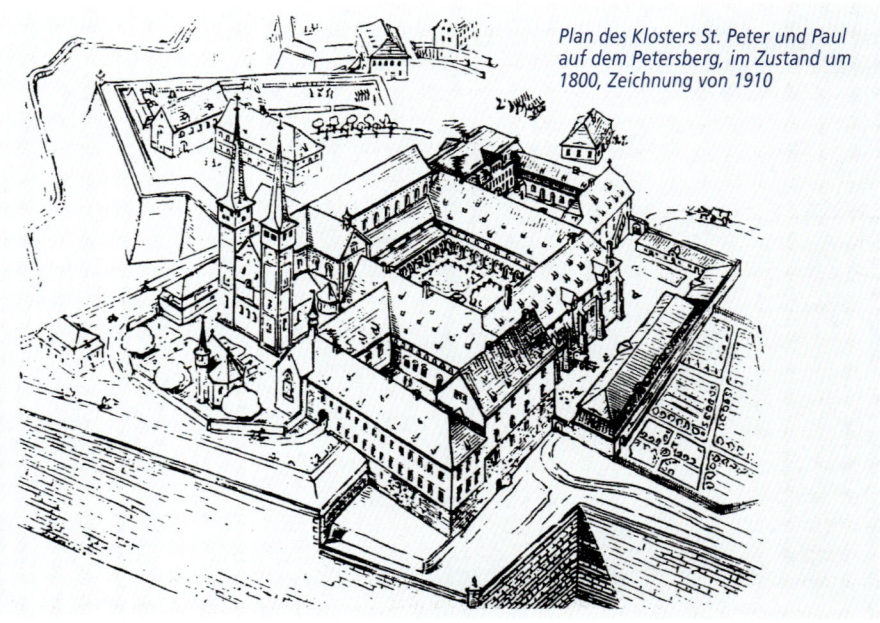

Plan des Klosters St. Peter und Paul auf dem Petersberg, im Zustand um 1800, Zeichnung von 1910

Die ehemalige Peterskirche von der Süd- und Ostseite mit Lisenen, Halbsäulen und Schachbrettfries. Die untere Fensterreihe wurde beim Umbau zum Proviantmagazin eingesetzt.

Daraus kann auch auf eine besondere Stellung des Klosters geschlossen werden. Mit der Einführung der Bursfelder Reform von 1446/47 erlebte das Peterskloster eine Erneuerung und erlangte unter dem Abt Günther von Nordhausen (1458–1501) nochmals eine herausragende Stellung. In der Zeit der Bauernkriege sowie der Besetzung Erfurts durch die Schweden im Dreißigjährigen Krieg wurde das Kloster zeitweise aufgehoben. Dabei kam es zu schweren Plünderungen und Verwüstungen der Klosterausstattung und seiner Vorräte. Mit dem Bau der Zitadelle ab 1665 wurde das Kloster von dessen Mauern vollständig eingeschlossen; die Mönche des Klosters und die Soldaten der Zitadelle lebten nun gemeinsam auf dem Berg. Zwischen dem Festungskommandanten und dem Abt des Klosters kam es immer wieder zu Unstimmigkeiten. So versuchten mehrfach desertierende Soldaten sich im Kloster zu verstecken. Andererseits wurden Mönche bei der Ausübung ihrer Arbeiten auf dem von der Festung umzäunten Klostergelände behindert.

In der Napoleonischen Zeit wurde die Klosterkirche profaniert und das Klosterinventar verkauft. Mit der Bombardierung der Zitadelle Petersberg am 6. November 1813 durch die preußische Artillerie wurden das Dach der Kirche sowie die restlichen Klostergebäude zerstört. Die Türme, Giebel und Obergaden der Kirche wurden im folgenden Jahr bis auf die Traufhöhe der Seitenschiffwände abgetragen. 1819/20 wurden im Innern der Kirche fünf hölzerne Zwischenböden eingebaut, das Dach neu gedeckt und die Innenwände mit Kalk getüncht. Dabei überdeckte man alle Wandmalereien. Die Kirche diente danach dem preußischen Militär als Mehl- und Proviantmagazin. In den 1920er Jahren erfolgte eine Reduzierung der Zwischenböden auf zwei und eine Umnutzung des jetzige Proviantmagazin als Sporthalle und Großlager.

Wandmalereien, die in den Jahren 2012–2014 freigelegt und konserviert wurden, konnten dem sogenannten »Zackenstiel« zugeordnet werden und lassen sich damit in die zweite Hälfte des 13. Jahr-

Das Innere der Peterskirche, Kupferstich von Christian Schule, 1804

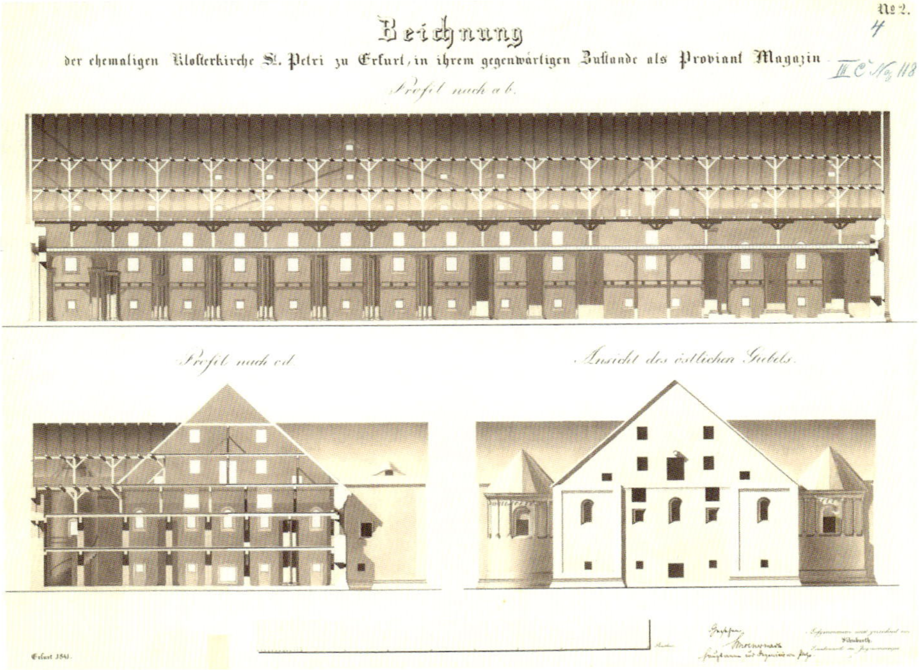

Bestandsplan der 1819/20 zum Proviantmagazin umgebauten Klosterkirche, Zeichnung von Leutnant Schubarth, 1841

Petersberg von Süden, Federzeichnung von Samuel Fritz, 1661

Rundgang

Romanischer Pfeiler im Kircheninneren mit Halbsäule und Schachbrettfries

Ritzzeichnung des Schmerzensmannes an der Südseite der Kirche

Rundgang

Freigelegte Wandmalerei im Zackenstiel, Vermutlich Apostel Andreas, am nördlichen Südturm in der Vorhalle der Peterskirche. Rechts: Kartierung (Stephan Keilwerth)

hunderts datieren. Es lässt sich vermuten, dass noch weitere Wandmalereien unter dem Kalkputz liegen, die bisher jedoch noch nicht freigelegt wurden.

Im Jahre 2019 erfolgte eine teilweise Öffnung des Zwischenbodens. Dadurch können die Besucher der Kirche den früheren Raumeindruck nachvollziehen.

Die dreischiffige, romanische Pfeilerbasilika sollte eine Doppelturmfassade erhalten. Dies ist an den zwei schweren Pfeilern im Innern und auch an den leicht vorspringenden Turmbauten zu erkennen, die sich außen abzeichnen. Der Ostbau besteht aus einem weit ausladenden Querhaus mit zwei Nebenapsiden und einem gerade geschlos-

Die mit einem Zwischenboden zum Proviantamt umgebaute Peterskirche

senen Chorschluss, der ursprünglich ebenfalls von zwei Türmen überragt wurde; auch sie zeichnen sich im Grundriss durch leichte Vorsprünge ab.

Das Langhaus ist an der Südseite durch Lisenen bzw. Halbsäulen und einen Rundbogenfries mit Würfel- oder Schachbrettfries darüber gegliedert. Die Nordseite ist demgegenüber einfacher, denn dort schloss sich der Kreuzgang an. Vermutlich hatte der Obergaden ähnliche Gliederungen, heute sitzt das breit gelagerte Satteldach aber bereits über den Seitenschiffen.

Ritzzeichnungen und Reliefs verzieren die Fassaden, namentlich die Südseite. Im Tympanon des Portals gab es eine gemalte Anbetung der Madonna, jedoch mit plastischen Heiligenscheinen, darüber eine Sonnenuhr (1587). Neben dem Portal setzte man um 1370 ein Kreuzigungsrelief ein. Am Chorschluss erkennt man nahe der Ecke die Ritzzeichnung eines Schmerzensmannes (um 1360) mit betendem Stifter davor. Schließlich sieht man mehrere Kritzeleien von Besuchern des 16. bis 18. Jahrhunderts.

Das Innere wird durch den Umbau zum Proviantmagazin 1819 bestimmt. Schwere Holzpfeiler stützen einen Zwischenboden; erst auf den zweiten Blick nimmt man im Erdgeschoss zwischen ihnen die romanischen Langhauspfeiler wahr. Im Obergeschoss ist die Breite des Langhauses durch einen neueren Umbau wieder erfahrbar und man sieht die romanischen Pfeiler mit den Bogenansätzen der Langhausarkaden. Sie sind mit Würfelkapitellen und Schachbrettfriesen versehen. Auch hier konnten an mehreren Stellen Wandmalereien des 13. Jahrhunderts freigelegt werden, die wiederum dem »Zackenstil« am Übergang zwischen Romanik und Gotik zuzuordnen sind. Es handelt sich um Apostelbilder und im nordöstlichen Nebenchor um eine – etwas jüngere – Kreuzigungsszene, die zu einem früheren Altar gehörte. Es ist beeindruckend, dass trotz einer rund 200-jährigen profanen – lange auch militärischen Nutzung – so viele Reste der alten Ausstattung erhalten geblieben sind.

Wasserversorgung

Die Frischwasserversorgung der Kloster- und Zitadellenbewohner stellte eine der Grundvoraussetzungen für einen reibungslosen und geordneten Tagesablauf dar. Bereits seit der Römerzeit war eine Mindestmenge an Trinkwasser von fünf Liter pro Kopf und Tag bekannt. Schon die Mönche des Petersklosters betrieben, da auf dem Berg nicht auf natürliche Wasserquellen zurückgegriffen werden konnte, einen großen Aufwand, um frisches Wasser auf den Berg zu führen. Unter dem Abt Werner bauten sie ab 1239 einen Quellstollen, den heutigen »Peterborn«. Eine angeschlossene Bleirohrleitung leitete das Wasser durch ein Tal, dem Binderslebener Knie, bis auf den Petersberg. Diese Leitung mit einer Länge von ca. 2,6 Kilometern wurde 1376 durch eine Holzrohrleitung ersetzt. Im Kloster floss das Wasser dann in ein Lavatorium (steinernes Wasserbecken), welches im Kreuzgang aufgestellt war. Im 15. Jahrhundert reichte die lieferbare Wassermenge dem gewachsenen Kloster nicht mehr aus. Es wurde der »große Brunnen« 1446 in der Böttnerei des Klosters, inzwischen im Keller der

Brunnenraum im Schirrmeisterhaus

Wassersammelbecken im Quellwerk Peterborn westlich des Petersberges

Defensionskaserne, abgeteuft. Ein weiterer Brunnen von 1451 befand sich im Ackerhof des Klosters. Er ist heute im Schirrmeisterhaus zu besichtigen. Beide Brunnen sind ca. 60 Meter tief.

Mit dem Bau der Zitadelle wurden für die Wasserversorgung der Festungsbesatzung 1670 zusätzlich Zisternen und weitere vier Brunnen gebaut. Die Zisternen wurden ebenfalls mit dem Wasser aus dem Peterborn gespeist. Diese Wasserversorgung blieb bis 1927 bestehen. Danach wurde die Zitadelle an die zentrale Wasserversorgung der Stadt angeschlossen. Die heute noch vorhandene Zisterne auf dem oberen Plateau wird als Löschwasserreserve für die Feuerwehr vorgehalten.

Zitadelle Cyriaksburg

Neben der Zitadelle Petersberg besitzt Erfurt südwestlich der Stadt eine zweite Zitadelle, die Zitadelle Cyriaksburg. Ihren Namen verdankt sie dem hl. Cyriakus. Am 13. Mai 1480 erhielt die Stadt Erfurt vom Kaiser Friedrich III. (1415 – 1493) die Erlaubnis, auf dem Berg eine Festung zu bauen. Angelegt an die geographische Besonderheit des Cyriaksberges wurde die Festung als irreguläres Viereck geplant. Aus dieser Zeit stammen die noch heute vorhandenen beiden Rundtürme, die 1528 vollendet wurden. Für die Cyriaksburg ließ Gustav II. Adolf von Schweden einen Verstärkungsplan erarbeiten, der aber nur teilweise ausgeführt wurde. Unter Kurmainz wurden von 1703 bis 1707 Kavaliere und Mauern erhöht. Danach und weiter bis zur zweiten Zugehörigkeit Erfurts zu Preußen verfiel die Cyriaksburg und machte 1814 einen »verwahrlosten« Eindruck. Ab 1824 wurde auch die Zitadelle Cyriaksburg in Neupreußischer Manier nach den Plänen des Ingenieurkapitän vom Platze Haak um- und ausgebaut. Nach ersten Instandsetzungsarbeiten wurden 1824 – 26 die Defensionskaserne und in den folgenden Jahren die Grabenkaponieren, Glacis, ein Turmreduit, die beiden Eckbatterien und Seitenkaponieren errichtet. Der bereits 1530 abgeteufte 75 Meter tiefe Festungsbrunnen erhielt eine eigene Kammer mit Kuppelgewölbe und eine unterirdische Kommunikation von der Defensionskaserne. Die beiden Rundtürme erhielten eine bombensichere Erdbedeckung und südlich der Kaserne wurde das Friedenspulvermagazin Nr. 7 gebaut.

Nach der Entfestigung Erfurts im Jahre 1873 hatte die Zitadelle keine Bedeutung mehr. Die Kasernen wurden aber weiterhin vom Militär genutzt. Ab 1885 erfolgt eine Teilfreigabe des Berges. Es wurden Aussichtspunkte, Wanderwege und eine städtische Gartenanlage angelegt. Seit 1956 hat das Gartenbaumuseum in der ehemaligen Defensionskaserne seine Unterkunft. Seit der Eröffnung der Internationalen Gartenbauausstellung (IGA) am 28. August 1961 gehört die Cyriaksburg zu den touristischen Anziehungspunkten Erfurts. Sie ging 1990 in die Erfurter Gartenbauausstellung (EGA) auf.

Modell der Cyriaksburg im Erfurter Stadtmuseum von Robert Huth 1920, gezeigter Zustand um 1870

Weiterführende Literatur

Böckner, Rudolph: Das Peterskloster in Erfurt, Erfurt 1881

Vollrath [Major]: Die Festungswerke Erfurts. In: Mitteilungen des Vereins für Geschichte und Altertumskunde von Erfurt, Nr. 22, 1901, S. 17–43

Huth, Robert: Die Cyriaksburg bei Erfurt, Erfurt 1907

Huth, Robert: Die Zitadelle Petersberg zu Erfurt. In Mitteilungen des Vereins für Geschichte und Altertumskunde von Erfurt, Nr. 29, 1908, S. 11–54

Becker, Karl/Brückner, Margarethe/Haetge, Ernst/Schürrenberg, Lisa: Die Kunstdenkmale der Provinz Sachsen. Die Stadt Erfurt. Dom – Severikirche – Peterskloster – Zitadelle. Bd. 1, Burg 1929

Berger, Rolf: Die Peterskirche auf dem Petersberg zu Erfurt: eine Studie zur Hirsauer Baukunst, Witterschlick/Bonn 1994

Moritz, Horst: Die Festung Petersberg unter # 1664–1802. (Hrsg. vom Stadtmuseum Erfurt), Erfurt 2001

Moritz, Horst: Die Festung Petersberg unter Preußen 1802–1918. 2002. (Hrsg. vom Stadtmuseum Erfurt), Erfurt 2002

Paulus, Helmut-Eberhard (Hrsg.): Die Klosterkirche St. Peter und Paul in Erfurt. (Berichte der Stiftung Thüringer Schlösser und Gärten. Band 13), Petersberg 2015

Freunde der Citadelle Petersberg zu Erfurt: 350 Jahre Zitadelle Petersberg. Historischer Kontext – Bauphasen – Schicksal und Chancen des Petersberges. (Tagungsband), Ilmenau 2016

Kettlitz, Eberhard (Hrsg.): Festungen in Thüringen (Deutsche Festungen Band 5), Regensburg 2018

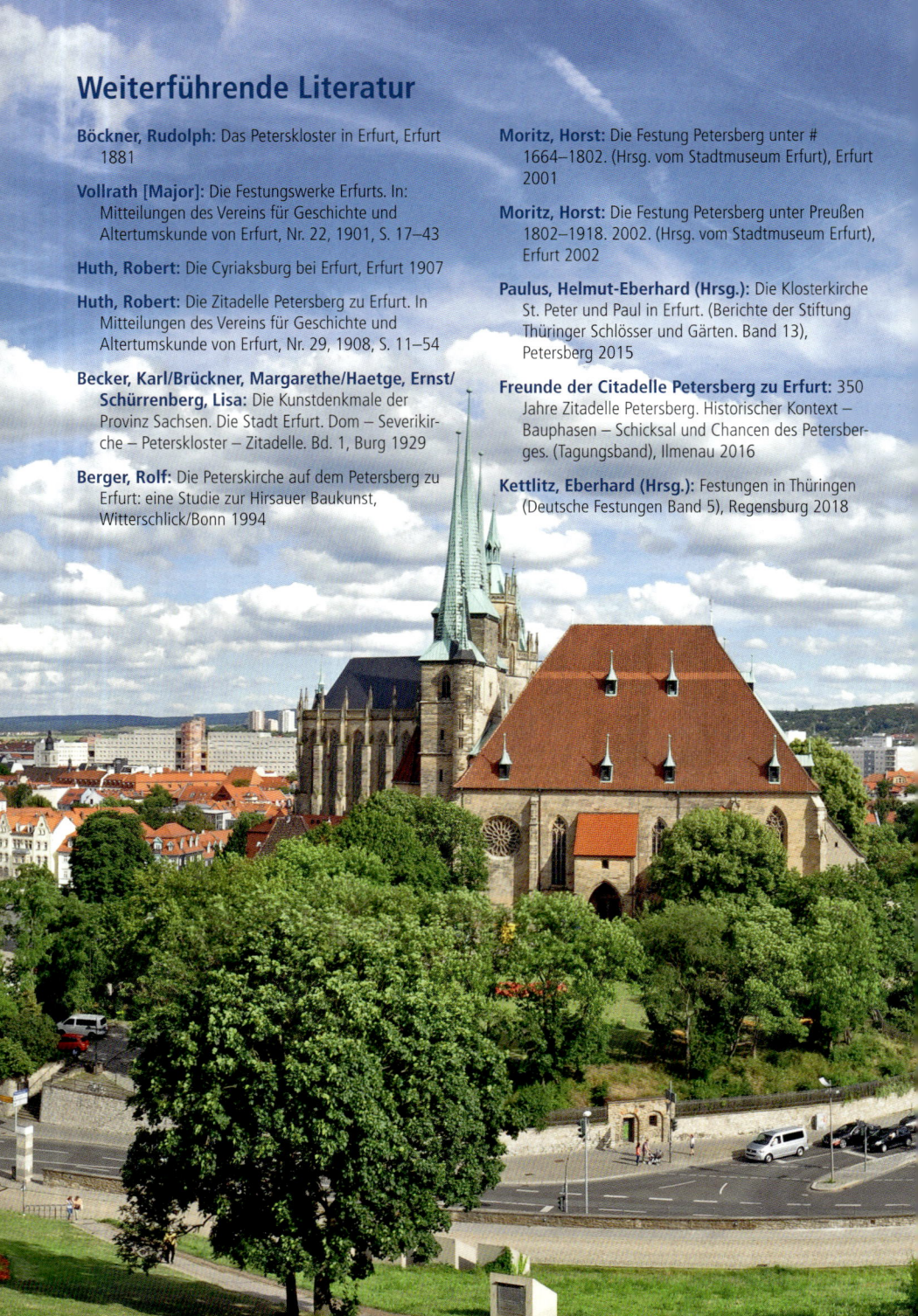

1. Auflage 2020
© 2020 Verlag Schnell & Steiner GmbH,
Leibnizstraße 13, D-93055 Regensburg
Gesamtherstellung:
Verlag Schnell & Steiner GmbH, Regensburg
ISBN 3-7954-3488-5

Alle Rechte vorbehalten. Ohne schriftliche Genehmigung des Verlages ist es nicht gestattet, diesen Band oder Teile daraus auf photomechanischem oder elektronischem Weg zu vervielfältigen.

Weitere Informationen zum Verlagsprogramm erhalten Sie unter: www.schnell-und-steiner.de

Vordere Umschlagseite: Blick auf Kommandantenhaus mit Tordurchfahrt, Zugangsbrücke und Abschnittsmauer der Bastion Kilian
Rückwärtige Umschlagseite:
Zeichnung Zitadelle Petersberg, Zustand ca. 1865

Bibliografische Informationen der Deutschen Bibliothek. Die Deutsche Bibliothek verzeichnet diese Publikation in der Deutschen Nationalbibliografie; detaillierte bibliografische Daten sind im Internet über http://dnb.ddb.de abrufbar.

Abbildungsnachweis

Alle Aufnahmen, wenn nicht andes vermerkt: Bernd König oder Andreas Mauersberger; Geheimes Staatsarchiv Berlin, 3. US; Stadtarchiv Erfurt, 5–9, 11, 14–17, 34, 37, 4. US; kentauros–stock.adobe.com, 2/3; Angermuseum Erfurt, 8 oben; Christian Misch, 13; Landesarchiv Sachsen-Anhalt Magdeburg, 15, 23; Thüringer Hauptstaatsarchiv Weimar, 10 oben; Peter Schreiber, 10 unten; Thüringer Staatsarchiv Gotha, 13; Thüringer Landesamt für Denkmalschutz und Archäologie, 37, 42; Stiftung Thüringer Schlösser und Gärten, 38, 40; Henry Czauderna–stock.adobe.com, 46/47

Reiseinformationen

Erfurt Tourismus und Marketing GmbH

Benediktplatz 1, 99084 Erfurt
Telefon: +49 361 66 40 0
Telefax: +49 361 66 40 290
e-mail: info@erfurt-tourismus.de
www.erfurt-tourismus.de

Öffnungszeiten

Mo – Sa 10.00 – 18.00 Uhr
So/Feiertag 10.00 – 15.00 Uhr
Auskünfte und Anmeldung zu Führungen, sind jederzeit möglich, unter Telefon: +49 361 66 40 120
oder per e-mail: citytour@erfurt-tourismus.de

www.www.erfurt-tourismus.de

Burgen, Schlösser
und Wehrbauten
in Mitteleuropa Bd. 31

Herausgegeben von der

 Wartburg-Gesellschaft

Bisher erschienen

Bd. 1:	Kaiserpfalz Nürnberg (deutsch und englisch)
Bd. 2:	Schloss Büdingen
Bd. 3:	Schloss Marburg
Bd. 4:	Welterbe Wartburg (deutsch, englisch und französisch)
Bd. 5:	Schloss Gottorf in Schleswig
Bd. 6:	Die Ronneburg in Hessen
Bd. 7:	Die Drei Gleichen
Bd. 8:	Burg Ranis
Bd. 9:	Neues Schloss Ingolstadt
Bd. 10:	Festung Wülzburg bei Weißenburg
Bd. 11:	Burg Fleckenstein im Elsass (deutsch und französisch)
Bd. 12:	Moritzburg in Halle
Bd. 13:	Schloss Detmold
Bd. 14:	Schloss und Zitadelle Jülich
Bd. 15:	Schloss Horst Gelsenkirchen
Bd. 16:	Burg Guttenberg am Neckar
Bd. 17:	Burg und Festung Rheinfels
Bd. 18:	Das Goldene Dachl in Innsbruck (deutsch und englisch)
Bd. 19:	Burg und Festung Forchheim
Bd. 20:	Burg Runkelstein bei Bozen (deutsch und italienisch)
Bd. 21:	Schloss Maretsch in Bozen (deutsch und italienisch)
Bd. 22:	Schloss Buonconsiglio in Trient
Bd. 23:	Felsenburgen der Sächsischen Schweiz
Bd. 24:	Die Pfalz Wimpfen
Bd. 25:	Das Hohe Schloss in Füssen
Bd. 26:	Burg Hochosterwitz in Kärnten
Bd. 27:	Burg Rheinstein
Bd. 28:	Burg Friedberg
Bd. 29:	Das Schloss in Celle
Bd. 30:	Schloss Heidelberg
Bd. 31:	Zitadelle Petersberg in Erfurt

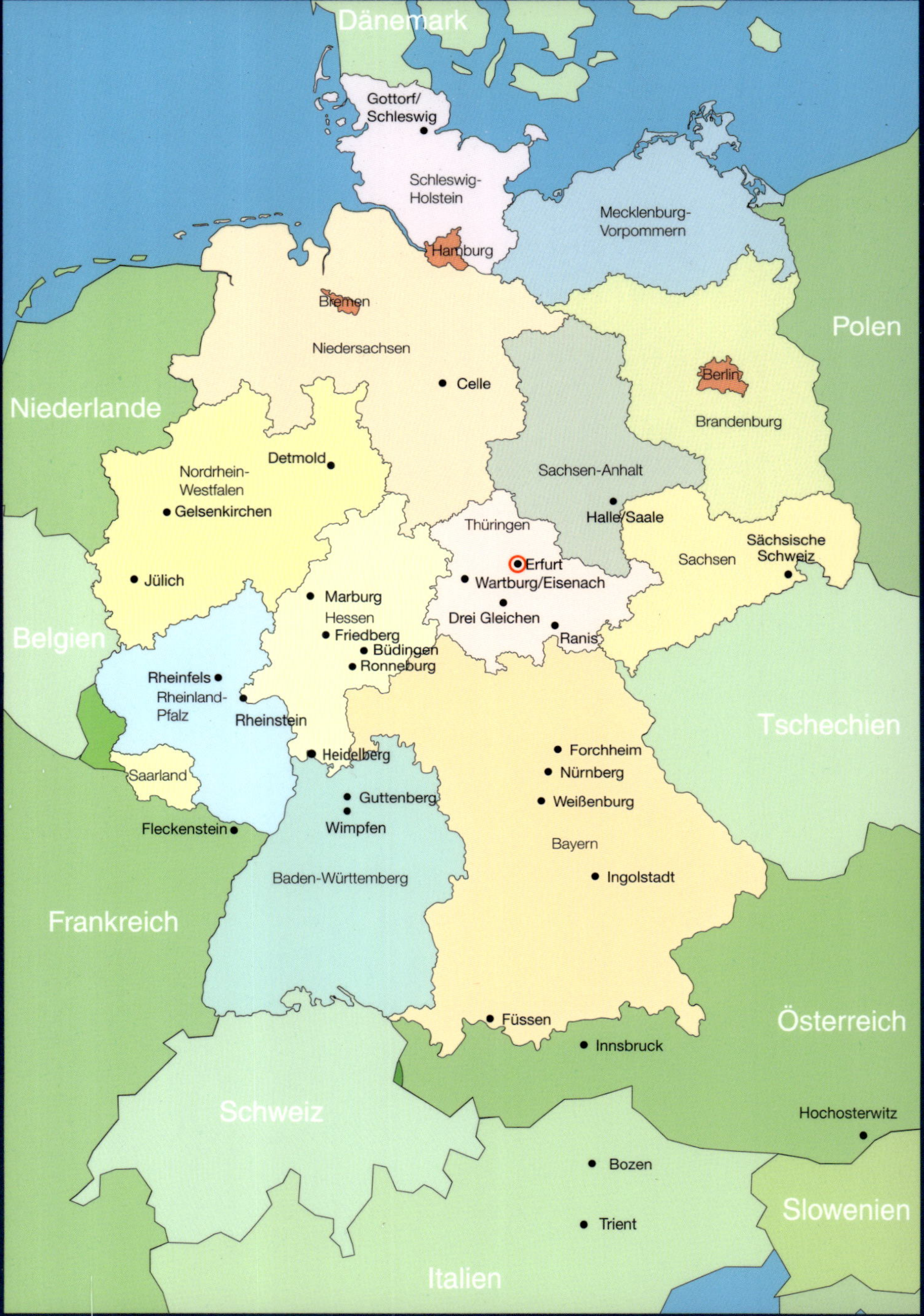

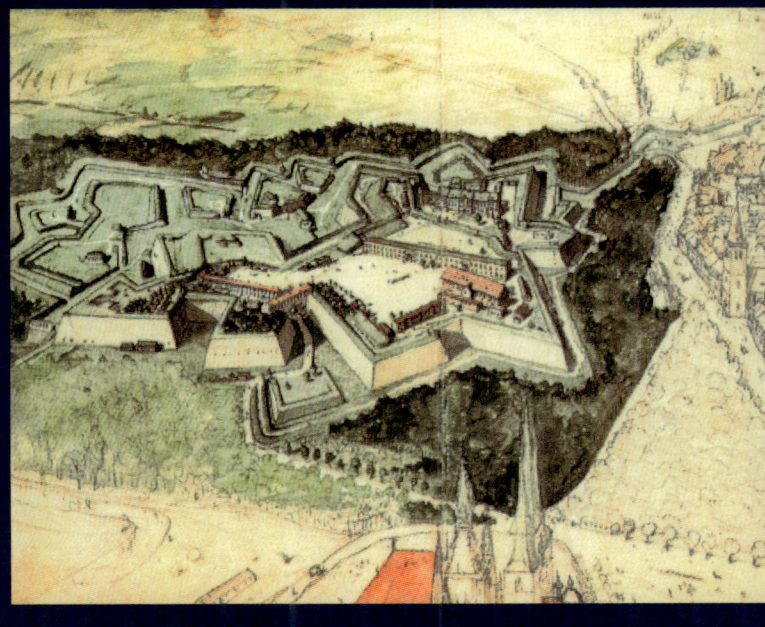

Burgen, Schlösser und Wehrbauten in Mitteleuropa Bd. 31

9 783795 434885